Das Buch

»Es geht Küng um die › [illegible] um die spezifische Differenz [illegible] es an einem positiven Wel[illegible]ser Humanismus versteht. Setzt [illegible]en, so der Christ auf Jesus Christus und auf die durch ihn artikulierte Sache Gottes unter den Menschen. Am überzeugendsten und dichtesten ist das Buch in den Kapiteln, wo Küng sich auf diesen Kern des Christentums bezieht. Aber er will alle Voraussetzungen dieser These darlegen, so das menschliche Apriori des Gottesglaubens und anderer Weltdeutungen. Indem er von der Einzigartigkeit des historischen Jesus und österlichen Christus des Glaubens ausgeht, würdigt er mit bestem Willen und viel Verständnis die ›Konkurrenz‹, die verschiedenen alten und neuen Humanismen und die Weltreligionen. Nach dem dichten ›christologischen‹ Kernteil der Darlegungen geht er sodann auf die Gemeinschaft der Glaubenden und des Glaubens als Kirche ein, sowie in derselben Universalität, die er im ersten Teil angestrebt hatte, auf die Funktion der Kirche der Geschichte: auf ihre und aller Glaubenden Aufgabe in der Welt.« (Walter Dirks in der ›Süddeutschen Zeitung‹)

Der Autor

Hans Küng wurde 1928 in der Schweiz geboren. 1948–1955 Studium der Philosophie und Theologie an der päpstlichen Universität Gregoriana in Rom. 1954 Ordination. 1955 Studium an der Sorbonne und am Institut Catholique in Paris. 1957 Doktorat der Theologie. 1957–1959 praktische Seelsorge an der Hofkirche in Luzern. 1962 von Papst Johannes XXIII. zum offiziellen theologischen Konzilsberater ernannt. 1960 bis 1980 Professor für Fundamentaltheologie und Dogmatik, seit 1980 für Ökumenische Theologie in Tübingen, bedeutend für die innerkirchliche Diskussion der Themen Unfehlbarkeit, Kirche und Gott; seine Thesen hierzu haben Ende 1979 zum Entzug der kirchlichen Lehrbefugnis und Küngs Ausscheiden aus der katholisch-theologischen Fakultät geführt. Autor zahlreicher Bücher und Mitherausgeber diverser Zeitschriften.

Hans Küng:
Christ sein

Deutscher
Taschenbuch
Verlag

Ungekürzte Ausgabe
1. Auflage November 1976
6. Auflage Januar 1983: 86. bis 95. Tausend
Deutscher Taschenbuch Verlag GmbH & Co. KG,
München

ISBN 3-492-02090-9
Umschlaggestaltung: Celestino Piatti
Gesamtherstellung: C. H. Beck'sche Buchdruckerei,
Nördlingen
Printed in Germany · ISBN 3-423-01220-X

Inhalt

Für wen dieses Buch geschrieben ist 11

A. Der Horizont

I. Die Herausforderung der modernen Humanismen 17

1. Wende zum Menschen 18

Säkulare Welt 18

Öffnung der Kirchen 20

2. Ausverkauf des Christlichen? 25

Die Seele verloren? 25

Kein Zurück 28

3. Keine Verabschiedung der Hoffnung 31

Humanität durch technologische Evolution? 33

Humanität durch politisch-soziale Revolution? .. 39

Zwischen Nostalgie und Reformismus 49

II. Die andere Dimension 56

1. Zugang zu Gott? 56

Transzendenz? 56

Die Zukunft der Religion 60

Gottesbeweise? 65

Mehr als die reine Vernunft 69

2. Die Wirklichkeit Gottes 72

Die Hypothese 72

Die Wirklichkeit 76

Vieldeutigkeit des Gottesbegriffs 84

Die Aufgabe der Theologie 89

III. Die Herausforderung der Weltreligionen 97

1. Außerhalb der Kirche Heil 97

Aufgewertete Religionen 97

Reichtum der Religionen 100

2. Verwirrende Konsequenzen 106

Anonymes Christentum? 107

Vornehme Ignoranz? 109

3. Herausforderung gegenseitig 110

Keine Nivellierung 111

Helfende Diagnose 116

4. Nicht Ausschließlichkeit, sondern Einzigartigkeit 123

Christsein als kritischer Katalysator 124
Gemeinsame Suche nach der Wahrheit 127

B. Die Unterscheidung
I. Das Besondere des Christentums 135
1. Der Christus 135
Gefährliche Erinnerung 135
Die Begriffe beim Wort nehmen 139
2. Welcher Christus? 144
Der Christus der Frömmigkeit? 144
Der Christus des Dogmas? 148
Der Christus der Schwärmer? 152
Der Christus der Literaten? 159
II. Der wirkliche Christus 167
1. Kein Mythos 167
In Ort und Zeit 168
Unsicheres 172
2. Die Dokumente 173
Mehr als eine Biographie 174
Engagierte Zeugnisse 177
3. Geschichte und Glaubensgewißheit 179
Rückfrage nach Jesus 180
Verantworteter Glaube 187
Historische Kritik – eine Glaubenshilfe? 190
III. Christentum und Judentum 193
1. Die Leiden der Vergangenheit 193
Der Jude Jesus 194
Eine Geschichte von Blut und Tränen 195
2. Die Möglichkeiten der Zukunft 197
Wachsendes Verstehen 197
Gespräch über Jesus? 200

C. Das Programm
I. Der gesellschaftliche Kontext 207
1. Establishment? 207
Das religiös-politische System 207
Weder Priester noch Theologe 208
Nicht bei den Herrschenden 210
Radikale Veränderung 211
2. Revolution? 214
Die revolutionäre Bewegung 214
Die Hoffnung auf den Befreier 217